Ernst Probst

Die Laugen-Melaun-Gruppe

Eine Kultur der Bronzezeit

Ernst Probst

Die Laugen-Melaun-Gruppe

Eine Kultur der Bronzezeit

GRIN Verlag

Bibliografische Information der Deutschen Nationalbibliothek: Die Deutsche Bibliothek
verzeichnet diese Publikation in der Deutschen Nationalbibliografie; detaillierte bibliografische Daten sind im Internet über http://dnb.d-nb.de/ abrufbar.

1. Auflage 2011
Copyright © 2011 GRIN Verlag GmbH
http://www.grin.com
Druck und Bindung: Books on Demand GmbH, Norderstedt Germany
ISBN 978-3-656-08174-6

So genannte »reiche Frau« der Urnenfelder-Kultur
auf einer von dem Münchener Historienmaler
und Altertumsforscher Julius Naue (1832–1907)
geschaffenen historischen Trachtenrekonstruktion

Ernst Probst

Die Laugen-Melaun-Gruppe

Eine Kultur der Bronzezeit

Widmung

Dr. Elisabeth Ruttkay (1926–2009),
Professor Dr. Walter Leitner und
Dr. Johannes-Wolfgang Neugebauer (1949–2002) gewidmet,
die mich bei meinen Büchern
»Deutschland in der Steinzeit« (1991) und
»Deutschland in der Bronzezeit« (1996)
unterstützt haben,
sowie der wissenschaftlichen Graphikerin
Friederike Hilscher-Ehlert

Inhalt

Vorwort

Eine Kulturstufe, die von etwa 1200 bis 400 v. Chr. in Südtirol, im Trentino (Italien), Nordtirol, Osttirol, Kärnten, Vorarlberg (Österreich) sowie in Graubünden, Sankt Gallen (Schweiz) und im Fürstentum Liechtenstein existierte, steht im Mittelpunkt des Taschenbuches »Die Laugen-Melaun-Gruppe«. In ihrer Blütezeit reichte sie vom Bodensee im Norden bis zum Gardasee im Süden. Geschildert werden die Siedlungen, Kleidung, der Schmuck, die Keramik, Werkzeuge, Waffen, Haustiere, Jagdtiere, der Handel, die Kunstwerke und Religion der damaligen Ackerbauern und Viehzüchter.
Verfasser dieses Taschenbuches ist der Wiesbadener Wissenschaftsautor Ernst Probst. Er hat sich vor allem durch seine Werke »Deutschland in der Urzeit« (1986), »Deutschland in der Steinzeit« (1991) und »Deutschland in der Bronzezeit« (1996) einen Namen gemacht.
Das Taschenbuch »Die Laugen-Melaun-Gruppe« ist Dr. Elisabeth Ruttkay (1926–2009), Professor Dr. Walter Leitner und Dr. Johannes-Wolfgang Neugebauer (1949–2002) gewidmet, die den Autor mit Rat und Tat bei seinen Werken über die Steinzeit und Bronzezeit unterstützt haben.

Der dänische Archäologe
Christian Jürgensen Thomsen (1788–1865)
hat 1836 die Urgeschichte
nach dem jeweils am meisten verwendetem Rohstoff
in drei Perioden eingeteilt:
Steinzeit, Bronzezeit und Eisenzeit.

PAUL REINECKE,
geboren am 25. September 1872
in Berlin-Charlottenburg,
gestorben am 12. Mai 1958 in Herrsching.
Er wirkte 1897 bis 1908
am Römisch-Germanischen Zentralmuseum
in Mainz. 1908 bis 1937
war er Hauptkonservator
am Bayerischen Landesamt
für Denkmalpflege in München.
1917 wurde er kgl. Professor.
Reinecke teilte 1902 die Bronzezeit
in die Stufen A bis D ein.
1902 sprach er von der Straubinger Kultur
sowie von der Grabhügelbronzezeit
und später von der Hügelgräber-Bronzezeit.

Die Spätbronzezeit in Österreich

Abfolge und Verbreitung der Kulturen und Gruppen

Die Spätbronzezeit umfasst in Österreich die Stufe Bronzezeit D (etwa von 1300 bis 1200 v. Chr.) sowie die Stufen Hallstatt A und B (etwa von 1200 bis 800 v. Chr.). Diese Einteilung geht auf den süddeutschen Prähistoriker Paul Reinecke (1872–1958) zurück.

In den meisten Gebieten Österreichs lebten von etwa 1300/1200 bis 800 v. Chr. die Menschen der Urnenfelder-Kultur.[1] Diese war – in verschiedenen regionalen Ausprägungen – im Burgenland, in Niederösterreich, Kärnten, der Steiermark, Oberösterreich, im Land Salzburg und teilweise in Vorarlberg beheimatet.

Im größten Teil Nordtirols existierte von etwa 1300/1200 bis 800 v. Chr. die Nordtiroler Urnenfelder-Kultur.

Im Burgenland behauptete sich in der Bronzezeit D von etwa 1300 bis 1200 v. Chr. gebietsweise die vor allem in der Slowakei heimische Caka-Kultur. Sie ist nur durch wenige Grabhügel, Brandbestattungen und Grabbeigaben nachgewiesen.

In einigen Gegenden Nordtirols und Vorarlbergs siedelten ab etwa 1200 bis 800 v. Chr. Angehörige der Laugen-Melaun-Gruppe (s. S. 17), deren Lebensraum hauptsächlich in Südtirol und im Trentino lag.

Karte auf Seite 15:

Verbreitung der Kulturen und Gruppen
während der Spätbronzezeit
(etwa 1300/1200 bis 800 v. Chr.) in Österreich.
Karte aus dem Buch
»Deutschland in der Bronzezeit« (1996)
von Ernst Probst

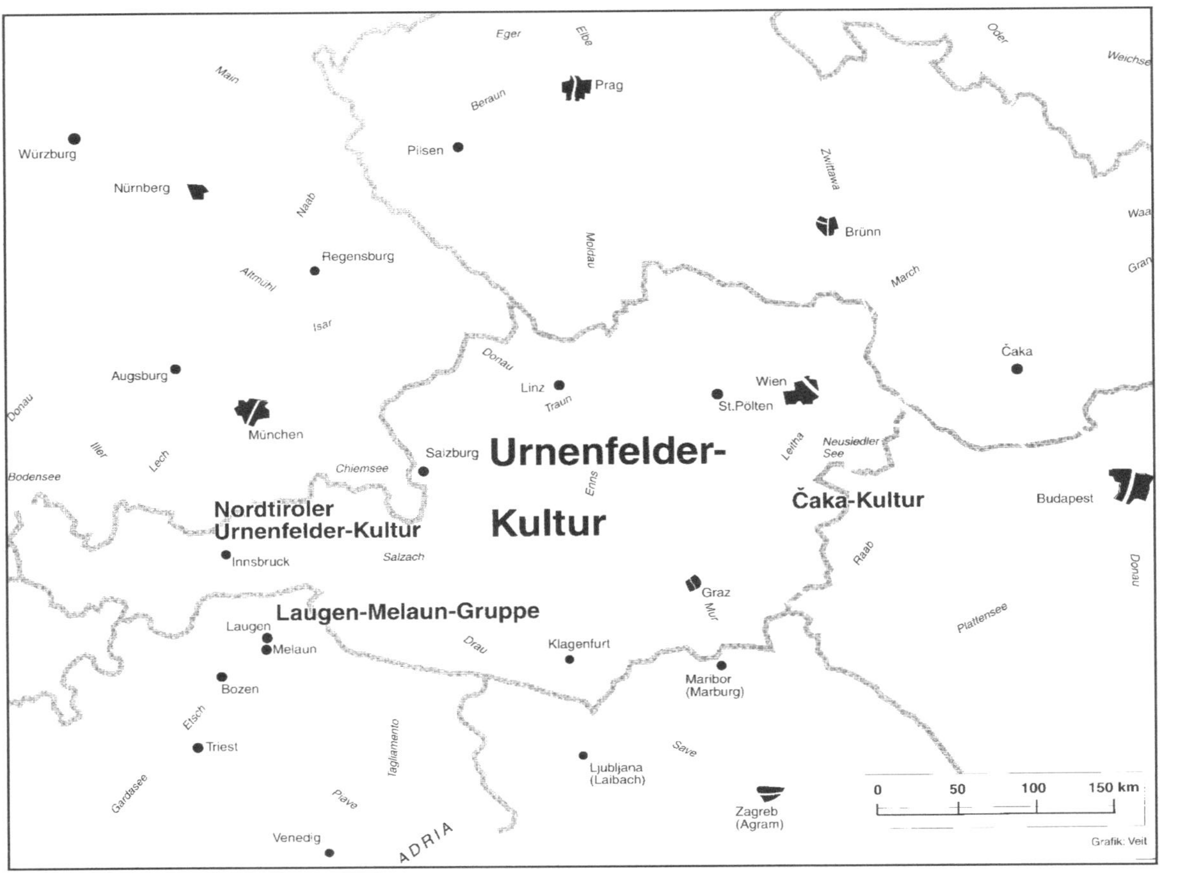

Eger
Elbe
Oder
Weichse
Main
Beraun
Prag
Zwittawa
Waa
Würzburg
Pilsen
Brünn
Nürnberg
Naab
Gran
Regensburg
Moldau
March
Altmühl
Čaka
Isar
Donau
Wien
Augsburg
Linz
Traun
St.Pölten
Donau
München
Leitha
Neusiedler See
Iller
Lech
Salzburg
Urnenfelder-
Čaka-Kultur
Budapest
Bodensee
Chiemsee
Enns
Nordtiroler
Urnenfelder-Kultur
Kultur
Raab
Donau
Innsbruck
Salzach
Graz
Laugen-Melaun-Gruppe
Mur
Plattensee
Laugen
Drau
Klagenfurt
Melaun
Maribor (Marburg)
Bozen
Eisch
Save
Tagliamento
Triest
Gardasee
Ljubljana (Laibach)
Piave
Zagreb (Agram)
0   50   100   150 km
Venedig
ADRIA
Grafik: Veit

Das Heiligtum auf dem Schlern

Die Laugen-Melaun-Gruppe

Im Gebiet der heutigen italienischen Provinzen Bozen und Trient (Trento) entstand in der Spätbronzezeit etwa um 1200 v. Chr. die Laugen-Melaun-Gruppe. In diesen Landstrichen der jetzigen autonomen Region Trentino/Südtirol lag viele Jahrhunderte lang bis gegen Ende der älteren Eisenzeit um 400 v. Chr. das Hauptverbreitungsgebiet jener Gruppe.
Außer in Südtirol und dem Trentino (Italien) existierte die Laugen-Melaun-Gruppe auch in Teilen von Nordtirol, Osttirol, Kärnten, Vorarlberg (Österreich) sowie in Graubünden, Sankt Gallen (Schweiz) und im Fürstentum Liechtenstein. In ihrer Blütezeit reichte sie vom Bodensee im Norden bis zum Gardasee im Süden.
Der Begriff Laugen-Melaun-Gruppe erinnert an die schon vor etlichen Jahrzehnten entdeckten Fundorte Laugen (italienisch Luco) und Melaun (italienisch Meluno) im oberen Eisacktal. Beide namengebenden Fundstellen liegen – nur etwa sieben Kilometer voneinander entfernt – im Brixener Becken in Südtirol.

ADRIAN EGGER,
geboren am 8. September 1868 in Prägraten,
gestorben am 18. März 1953 in Brixen,
wurde 1899 zum Priester geweiht.
Er wirkte acht Jahre als Seelsorger,
bevor er 1908 nach Brixen berufen wurde,
um die Diözesan-Kunstpflege zu betreuen.
Daneben interessierte er sich
bald immer mehr für die Vorgeschichte
des Eisack- und Pustertals,
wovon seine Publikationen
und die prähistorische Sammlung
im Diözesanmuseum zeugen.
Egger verwendete 1917
als erster den Begriff Laugenkultur.

GERO VON MERHART,
geboren am 17. Oktober 1886
in Bregenz (Österreich),
gestorben am 4. November 1959
in Kreuzlingen (Schweiz).
Er promovierte 1913 in München,
geriet 1914 in russische Gefangenschaft
und arbeitete 1919 bis 1921 an russischen Museen.
Von 1921 bis 1927 wirkte er
am Museum Ferdinandeum
und an der Universität Innsbruck,
danach kurz in Mainz
und 1928 bis 1949 als Professor in Marburg.
Von Merhart prägte 1927
den Begriff Melauner Kultur.

*Der Lehrer Benedikt Frei (1904–1975, rechts) aus Mels
stellte bei seinen Ausgrabungen auf dem Montlinger Berg
bei Oberriet im Kanton Sankt Gallen (Schweiz) fest,
dass die Laugener Keramik schon aus der
spätbronzezeitlichen Urnenfelder-Zeit
(etwa 1300/1200 bis 800 v. Chr.) stammt.*

Laugen ist eine Flurbezeichnung für eine moorige Niederung namens Mooslacke auf der Anhöhe des Natzer Plateaus. Auf halbem Wege zwischen Natz und Elvas hatte dort der Prälat Adrian Egger (1868–1953) aus Brixen einen mit Keramik durchsetzten Lehmhaufen untersucht und dabei dünne, schwarz polierte Scherben mit eigenartigen Ornamenten entdeckt. Egger schrieb 1917 die Keramik von Laugen der »Laugenkultur« zu.

Melaun gehört zur Gemeinde Sankt Andrä bei Brixen (italienisch Bressanone). Der Fundort der Melauner Keramik liegt in etwa 900 Meter Seehöhe über dem Talboden von Brixen. Die Keramikreste von dort wurden 1927 von dem damals in Innsbruck wirkenden österreichischen Prähistoriker Gero von Merhart (1886–1959) der »Melauner Kultur« zugeordnet.

Aus welcher Zeit die Laugener und die Melauner Keramik stammen, klärte 1954 der schweizerische Lehrer Benedikt Frei (1904–1975) aus Mels bei Ausgrabungen am Montlinger Berg im Kanton Sankt Gallen. Dabei wies er nach, dass die Laugener Keramik älter ist als die Melauner Keramik. Erstere datierte er in die Urnenfelder-Zeit, letztere in die Eisenzeit. Aufgrund seiner Erkenntnisse prägte Frei 1954 den Ausdruck »Laugen-Melauner Kultur«. Heute spricht man von der »Laugen-Melaun-Gruppe«.

Die Herkunft der Laugen-Melaun-Leute wurde verschieden gedeutet. Der Innsbrucker Prähistoriker

Osmund Menghin (1920–1981) glaubte, diese Menschen stammten aus Tälern im Westen Trentinos wie dem Val Camonica und dem Valle Rendena., die gegen Süden hin offen sind und kulturelle Einflüsse aus den Terramarne aufnehmen konnten. Doch dies war archäologisch nicht zu beweisen.

Dagegen meinten der schweizerische Prähistoriker Jürg Rageth aus Chur und die aus Südtirol stammende Zürcher Prähistorikerin Lotti Stauffer-Isenring, die Laugen-Melaun-Gruppe habe sich in Südtirol und im Trentino entwickelt. Nach Ansicht Rageths sind die Leute der Laugen-Melaun-Gruppe eingewandert und haben friedlich oder kriegerisch bodenständige Menschen der Inneralpinen Bronzezeit-Kultur verdrängt.

Zu einem ähnlichen Ergebnis kommt der italienische Prähistoriker Renato Perini aus Trient. Er schreibt die Entwicklung der Laugen-Melaun-Gruppe einer lokalen Volksgruppe im Trentino zu und sieht auch einen Zusammenhang mit den bis zu diesem Zeitpunkt vorherrschenden Seeufersiedlungen (»Pfahlbauten«).

Die Siedlungen der Laugen-Melaun-Gruppe wurden auf Hügelkuppen und Hanglagen, aber auch in Flussniederungen des Rheins, der Ill, der Etsch und der Drau errichtet. Bei den Behausungen handelte es sich um rechteckige Häuser oder Hütten mit steinernen Fundamentmauern, darüber einer Holzkonstruktion und einem Satteldach. Vermutlich bestanden die Wände aus Flechtwerk, das mit Lehm verputzt wurde.

Wichtige Erkenntnisse über das Leben der Laugen-
Melaun-Leute wurden bei den Ausgrabungen in der
Gärtnerei Gamberoni[1] bei Eppan-Sankt Pauls (Südtirol)
gewonnen. Dort hatte sich von etwa 1200 bis 1000 v.
Chr. auf einem Hang eine terrassenförmige Siedlung
erstreckt. Die Wohn- und Wirtschaftsgebäude standen
am Uferrand eines Baches. Sie besaßen niedrige
Fundamentmauern aus Steinen und vermutlich einen
Oberbau aus Holz. Die Gebäude waren teilweise in
Blockbau-, Ständer- und Pfostentechnik errichtet, wie
Hüttenlehmbrocken, Fugenausstriche und steinerne
Unterlagsplatten für Pfosten belegen.
Die Bewohner des Dorfes von Eppan-Sankt Pauls haben
einen etwa 20 Meter langen, ein bis 1,50 Meter breiten
und zwei Meter tiefen Kanal geschaffen, der sich quer
durch ihre Siedlung zog. Dieser Kanal sollte vermutlich
nach lang anhaltenden Regenfällen das Wildwasser
ableiten, das in der Hangsiedlung große Schäden
anrichten konnte. Demselben Zweck hatten steinerne
Regenrinnen unterhalb der Dachkanten der Gebäude,
die in schräger Führung das Wasser zum Kanal leiten
sollten.
35 Tonbruchstücke aus Eppan-Sankt Pauls gelten als
Teile von gelochten Lehmplatten, die vermutlich als Rost
oder Lochtenne eines Töpferofens dienten. Ihre
Oberseite ist glatt, während die Unterseite Abdrücke
von Holzgeflecht aufweist, das offenbar als Verstrebung
und Verstärkung der schweren Tonplatte angebracht

war. Einige gewölbte Lehmwandteile stammen wahrscheinlich von der Kuppel des Töpferofens.

An kühlen Tagen und Nächten wärmten sich die Menschen von Eppan-Sankt Pauls vielleicht an unverzierten Tonbarren. Versuche mit solchen aufgeheizten hohlen Barren ergaben, dass sie bis zu drei Stunden lang 40 Grad Celsius abstrahlten. Andere Tonbarren mit einer Verzierung aus Grübchenreihen und Tannenzweigmuster werden als kultische »Feuerböcke« gedeutet.

Die Siedlung von Eppan-Sankt Pauls wurde durch einen Brand vernichtet. Man weiß nicht, ob der Brand durch ein Unglück infolge unachtsamen Umgangs mit offenem Feuer oder bei einem Überfall entstand.

66 tönerne Webgewichte aus Eppan-Sankt Pauls verraten, dass der Stoff für die Kleidung der Laugen-Melaun-Leute aus Schafwolle gewebt wurde. Bei diesen Funden handelt es sich um 64 Tonringe (neun davon ganz erhalten), ein pyramidenförmiges und ein kleines scheibenförmiges Webgewicht. An den Innenrändern der Tonringe sind meistens eine oder sogar mehrere Kerben von den Fäden sichtbar.

Außerdem barg man eine 11,6 Zentimeter lange Nagelkopfnadel und das Bruchstück einer Bronzefibel. Beide dienten zum Verschließen eines Kleidungsstücks.

Knochen vom Rind, Schaf oder der Ziege, Schwein, Pferd und Hund in Eppan-Sankt Pauls zeigen, welche

Haustiere die Bewohner dieser Siedlung hielten. Einige der genannten Haustiere sind auch von Brandopferplätzen der Laugen-Melaum-Gruppe bekannt. So hat man an der Opferstätte von Feldkirch-Altenstadt (Vorarlberg) Knochenreste vom Rind, Schwein, Schaf oder von der Ziege identifiziert.

Fischfang wird durch einen bronzenen Angelhaken aus Eppan-Sankt Pauls belegt. Am selben Fundort sind auch Knochen vom Braunbär, Rothirsch und von der Gemse entdeckt worden, die einen kleinen Einblick in die damalige Tierwelt geben.

Der Formenschatz der Keramik in Eppan-Sankt Pauls umfasste tönerne Krüge, Schüsseln, Schalen, Becher und Wirtschaftsgefäße. Außerdem fand man dort geschnitzte Knochenstäbchen, mit denen man vor dem Brennen die Muster in den weichen Ton drückte.

Die Keramik der urnenfelderzeitlichen Laugen-Melaun-Gruppe zeichnet sich durch eine straffe Profilierung und Innenkanten des Mundsaumes aus. Beliebte Verzierungen waren gezipfte Mündungsränder (so genannte Randschneppen), Kannelurmotive, Stempel- und Torsionsmuster.

Töpfe besaßen große Zipfel am Mündungsrand, eine girlandenförmige Leistenverzierung, einen Henkel und einen Standfuß. Gegenüber dem Henkel liegt mitunter ein Schnabel oder eine Ausgussrinne. Solche Töpfe fand bei Ausgrabungen häufig zusammen mit Keramik der Urnenfelder-Kultur. Henkelkrüge hatten einen Aus-

*Henkelkanne der Laugen-Melaun-Kultur
aus Feldkirch-Altenstadt, Flur Grütze (Vorarlberg),
in Österreich.
Original im Vorarlberger Landesmuseum Bregenz*

gussschnabel, Randschneppen, einen tordierten oder einen gerieften Henkel, Kanneluren und Girlandenleisten mit schräger Kerbstempelung sowie warzenförmige Aufsätze.

Keramik der Laugen-Melaun-Gruppe kennt man aus Nordtirol (Sistrans, Innsbrück-Mühlau, Sonnenberg im Inntal) und Vorarlberg (Krinne, Rheinbalme bei Koblach, Montikel bei Bludenz, Feldkirch-Altenstadt).

Die spärlichen Bronzeobjekte gelten größtenteils nicht als heimische Erzeugnisse der Laugen-Melaun-Gruppe, sondern als Importe. Sie spiegeln den Bronzeaustausch der überregionalen Metallwerkstattzentren nördlich und südlich der Alpen wider.

Werkzeuge wurden – wie Funde aus Eppan-Sankt Pauls zeigen – aus Stein, Tierknochen und Bronze angefertigt. Von dort kennt man Schlag-, Klopf-, Schleif- und Glättsteine, zwei Rippenknochen zum Durchkämmen von Flachsfasern und einen kleinen bronzenen Meißel. Als eine Besonderheit des Metallhandwerks der Laugen-Melaun-Gruppe gelten sichelähnliche Hiebmesser mit bronzener Klinge und Holzschaft. Mit derartigen Werkzeugen hat man Laub geerntet, um damit das Vieh im Winter füttern zu können. Solche Hiebmesser werden vom Volksmund in Südtirol als Runggeln bezeichnet.

In Eppan-Sankt Pauls hat man auch eine 24,5 Zentimeter lange bronzene Lanzenspitze geborgen. Sie besitzt eine 11,5 Zentimeter lange Tülle, in die der Schaft gesteckt wurde. An dieser Lanzenspitze sind Spuren des Gebrauches und der Nachschärfung sichtbar. Neben Lanzen gab es Pfeil und Bogen als Fernwaffe.

Der damalige Handelsverkehr erfolgte teilweise über hochgelegene Alpenpässe. Eine der wichtigsten Handelsrouten dürfte über das Etsch- und Inntal geführt haben. Entlang solcher Routen müssten nach Ansicht des deutschen Prähistorikers Lothar Sperber aus Speyer wohl Rastplätze, Transportstützpunkte und Handelsfaktoreien gelegen haben.

An mehreren Orten in Südtirol und im Trentino kamen Kunstwerke der Laugen-Melaun-Gruppe zum Vorschein. Aus Eppan-Sankt Pauls kennt man zwei stilisierte, entenähnliche Wasservögel, die wohl von einem umlaufenden Zierfries stammen. In Romagnans (Trentino) fand man das Fragment einer menschengestaltigen Figur, die vielleicht das Ende eines »Feuerbockes« bildete, sowie die tönerne Plastik eines Rindes.

Besonders beliebt dürften Vogeldarstellungen gewesen sein. Dazu gehören Aufsteckvögel (Terlan in Südtirol), in Messer, Rasiermesser und Anhänger eingravierte Vogelmotive (Pfatten in Südtirol), Vogelmotive auf verzierten Bronzeblechstücken (Kurtatsch in Südtirol) und in Keramik eingestempelte Vögel (Eppan-Sankt Pauls.

Die Laugen-Melaun-Leute haben ihre Toten verbrannt und die aus dem Scheiterhaufen aufgelesenen Knochenreste in tönernen Urnen bestattet. Teilweise wurden die Urnen mit Steinplatten abgedeckt. Friedhöfe aus jener Zeit konnten wurden in Kortsch und Göflan im Vintschgau (Südtirol) entdeckt. Den verstorbenen Männern hat man selten Waffen mit ins Grab gelegt. Zu den Glaubensvorstellungen gehörten große Kultfeuer, in denen Brandopfer dargebracht wurden. Darauf deuten starke Aschenschichten, die mit angebrannten Tierknochen und mitunter absichtlich zerschlagener Keramik durchsetzt sind, hin. Derartige Zeugen des Kults kennt man von der Hochfläche des Schlern[2] (Südtirol), aus Montesei di Serso, vom Monte Ozol-Ciaslir, von La Groa (alle drei im Trentino), Feldkirch-Altenstadt (Voralrberg) und vielleicht auch von Laugen.

Als besonders imposante Kultplätze gelten der Burgstall auf der Gipfelfläche des Schlern bei Völs und östlich davon der Plörg unterhalb der Roterdspitze. Beide Brandopferplätze liegen in etwa 2500 Meter Höhe. Diese Geländepunkte könnten vielleicht eine Art von Bergheiligtümern gewesen sein, deren Opferfeuer weit zu sehen waren. Vermutlich wurden die Brandopferplätze von Bewohnern umliegender Täler aufgesucht. Die Schicht mit Knochenresten von verbrannten Tieren und Keramikfragmenten auf dem Burgstall war 16 Meter lang, zwölf Meter breit und 40 Zentimeter hoch. Am Fundort Laugen bei Natz könnte ein noch zu Beginn des 20. Jahrhunderts vorhandener, zwei bis drei Meter hoher Haufen aus schwarzer Erde mit prähi-

*Die in etwa 2.500 Meter Höhe liegende Gipfelfläche
des Schlern (links) bei Völs
diente in der Spätbronzezeit vielleicht als Kultplatz.*

storischen Scherben, Knochen, Holzkohle und ange-
brannten Steinen von einem Brandopferplatz stammen.
Ein weiterer Brandopferplatz dürfte auf der Flur Grütze
in Feldkirch-Altenstadt[3] (Vorarlberg) gelegen haben.
Dort befinden sich in einem alten Bachbett der Ill
Trockenmauern, die von Steinkreisen und Feuerstellen
auf Lehm unterbrochen wurden. Darüber lag eine 50
Zentimeter dicke schwarze Brandschicht mit Knochen-
und Keramikresten der Laugen-Melaun-Gruppe. Der
Ausgräber Elmar Vonbank aus Bregenz deutete die
Anlage von Feldkirch-Altenstadt mit Vorbehalt als
Kultstätte, an der Haustiere verbrannt und Prunkke-
ramik der Laugen-Melaun-Gruppe bei kultischen
Handlungen absichtlich zerbrochen wurden. Die
Tierknochen stammen vor allem von jugendlichen Rin-
dern, Schweinen, Schafen oder Ziegen, seltener von
Pferden und Hunden. Zum Fundgut gehören zudem
bronzene Messer, Nadeln, Armreifen und unfertige
Ringe.
Manchmal wurden offenbar auch in Höhlen rituelle
Praktiken vorgenommen, bei denen man Keramik zer-
schlug. Auf diesbezügliche Indizien stieß man in der
Spalthöhle (Putzhöhle) bei Warmbad-Villach[4] (Kärn-
ten), wo vor allem Reste von verzierten Henkeltöpfen
der Laugen-Melaun-Gruppe zum Vorschein kamen.
Mit dem Kult wird auch der 1,18 Meter lange, 83
Zentimeter breite und 55 Zentimeter dicke Schalenstein
von Serso im Fersental in Verbindung gebracht. Auf

diesem Porphyrblock befinden sich neun Schalen mit einem Durchmesser von vier bis fünf Zentimetern und einem bis 1,2 Zentimeter Tiefe. Der etwa 1.000 Kilogramm schwere Stein ist mühsam an diesen Ort transportiert worden.

Anmerkungen

Die Spätbronzezeit in Österreich
1] Die Zusammenstellung dieser Übersicht über die Verbreitung und Zeitdauer von Kulturen der Spätbronzezeit entstand 1996 mit Hilfe der Prähistoriker Johannes-Wolfgang Neugebauer vom Bundesdenkmalamt Wien und Walter Leitner an der Leopold-Franzens-Universität, Innsbruck.

Die Laugen-Melaun-Gruppe
1] Der Archäologe Lorenzo Dal Ri vom Denkmalamt Südtirol in Bozen inspizierte 1976 das Gelände der Gärtnerei Gamberoni bei Eppan-Sankt Pauls, wo bei Aushubarbeiten für die Fundamente eines großen Gartenhauses Profilaufschlüsse zum Vorschein kamen, die einen bedeutenden Siedlungsplatz der Spätbronzezeit erkennen ließen. 1979, 1980 und 1981 erfolgten jeweils im Sommer Ausgrabungen durch das Institut für Ur- und Frühgeschichte der Universität Innsbruck unter Leitung der Prähistoriker Karl Kromer und Walter Leitner.
2] Im Juni 1945 entdeckte der Kellermeister Luis Oberrauch (1907–1992) aus Gries am Südhang der Roterdespitze des Schlern in etwa 2485 Meter Höhe urgeschichtliche Tonscherben. Angeregt durch diesen Fund, schürfte Ende Juli der Buchhändler Viktor Malfèr (1897–1983) aus Bozen auf dem Burgstall (2510 Meter)

und fand ebenfalls Tonscherben und Knochenreste. Mitte September 1945 führten Oberrauch, Malfèr sowie der Ingenieur Georg Innerebner (1893–1974) und dessen Nichte und spätere Gattin Herta Innerebner aus Bozen eine Grabung durch.

3] Bei Feldarbeiten wurden in Feldkirch-Altenstadt Branderde, Keramik und Steinsetzungen entdeckt. Der Prähistoriker Elmar Vonbank vom Vorarlberger Landesmuseum, Bregenz, hat 1954, 1955 und 1957 die Fundstelle untersucht.

4] Im Frühjahr 1959 suchten einige Schüler des Villacher Realgymnasiums auf der Graschlitzen bei Warmbad Villach nach Fossilien. Dabei entdeckten sie in einer kleinen Klufthöhle Bruchstücke von Tongefäßen. Der Schüler Guido Putz aus Villach sammelte die Fragmente sorgfältig auf und überließ sie dem Ingenieur und Archäologen Hans Dolenz (1902–1977) aus Villach zur Bearbeitung. Die Höhle wurde nach dem jungen Entdecker als Putz-Höhle bezeichnet.

Literatur

Die Spätbronzezeit in Österreich
LEITNER, Walter: Die späte Bronzezeit und die Urnenfelderkultur. Aus: FONTANA, Josef / HAIDER, Peter W. / LEITNER, Walter / MÜHLBERGER, Georg / PALME, Rudolf / PARTEL, Otmar / RIEDMANN, Josef: Geschichte des Landes Tirol, Band 1, S. 76–82, Bozen 1985
LOCHNER, Michaela: Späte Bronzezeit, Urnenfelderkultur. Aktueller Überblick über die Urnenfelderkultur im Osten Österreichs. Aus: NEUGEBAUER, Johannes-Wolfgang (Herausgeber): Bronzezeit in Österreich. Wissenschaftliche Schriftenreihe Niederösterreich, Band 16, S. 195–224, Wien 1994
NEUGEBAUER, Johannes-Wolfgang: Späte Bronzezeit = Urnenfelderkultur 1300/1250–750/700 v. Chr. Aus: Urgeschichte in Niederösterreich, Wissenschaftliche Schriftenreihe Niederösterreich, Heft 39/40, S. 31–36, St. Pölten-Wien 1983
PENNINGER, Ernst: Urnenfelderzeit (1250-750 v. Chr.). Aus: DOPSCH, Heinz (Herausgeber): Geschichte Salzburgs. Band I. Vorgeschichte, Altertum, Mittealalter, I. Teil, S. 43–50, Salzburg 1981
PITTONI, Richard: Die späte Bronzezeit. Aus: Urgeschichte. Allgemeine Urgeschichte und Urgeschichte Österreichs, S. 167–174, Leipzig und Wien 1937

TOMPA, Ferenc von: 25 Jahre Urgeschichtsforschung in Ungarn 1912-1936. 24./25. Bericht der Römisch-Germanischen Kommission 1934/35, S. 90–98, Berlin 1937

WILLVONSEDER, Kurt: Das Steinkistengrab der älteren Urnenfelderzeit von Illmitz im Burgenland. Wiener Prähistorische Zeitschrift, 25. Jahrgang, S. 109–128, Wien 1938

Die Laugen-Melaun-Gruppe
DOLENZ, Hans: Urnenfelderzeitliche und Melauner Keramik aus Warmbad Villach (Villach-Stadt). Carinthia, Jahrgang 151, S. 383–398, Klagenfurt 1961

EGGER, Adrian: Vorgeschichtliche Ortsbeschreibung des Natzberges bei Brixen. Forschungen und Mitteilungen zur Geschichte Tirols und Vorarlbergs, S. 129-146, Innsbruck 1917

EISENSTECKEN, Otto: Opferstätte Roterd am Schlern. Der Schlern, Jahrgang 57, S. 614, Bozen 1983

GLEIRSCHNER, Paul: Die Laugen-Melaun-Gruppe. Aus: Die Räter I Reti, S. 117–134, Bozen 1992

KROMER, Karl: Vorbericht über die Ausgrabungen in der Gärtnerei Gamberoni in Eppan 1979. Der Schlern, Jahrgang 54, S. 212–218, Bozen 1980

LANG, Amei: Laugener Keramik. Germania, Band 60, S. 1337, Frankfurt am Main 1982

LEITNER, Walter: Neufunde der Laugen-Melauner Kultur aus St. Pauls/Eppan bei Bozen. Archäologisches Korrespondenzblatt, Band 12, S. 187–193, Mainz 1982

LEITNER, Walter: Die Laugen/Melauner Kultur. Aus: Geschichte des Landes Tirol, Band 1, S. 82–90, Bozen 1985

LEITNER, Walter: Eppan-St. Pauls, eine Siedlung der späten Bronzezeit. Ein Beitrag zur inneralpinen Laugen/ Melaun-Kultur. Archaeologia Austriaca, Heft 72, S. 190, Wien 1988

LUNZ, Reimo: Bemerkungen zu einer »kritischen Revision« des Melauner Problems. Der Schlern, Jahrgang 46, S. 27–32, Bozen 1972

LUNZ, Reimo: Archäologie Südtirols. Teil 1: Von den Jägern des Mesolithikums (um 7000 v. Chr.) bis zum Ende des Weströmischen Reiches (476 n. Chr.). Archäologisch-historische Forschungen in Tirol, Band 7, Calliano 1981

LUNZ, Pfatten. Ur- und Frühgeschichte. Aus: Dorfbuch Pfatten, S. 53–179, Bozen 1992

MAGGETTI, Marino / MARRO, Christian / STAUFFER, Lotti / PRIMAS, Margarita: Mineralogisch-petrographische Untersuchungen an Laugener Keramik – ein Beitrag zum Keramikimport im alpinen Raum. Archäologisches Korrespondenzblatt, Band 9, S. 393–400, Mainz 1979

MAYR, Paul: Der »Laugener Schalenstein« von Serso im Fersental. Der Schlern, Jahrgang 43, S. 7–17, Bozen 1969

MAYR, Paul: Die neuen Funde vom Schlern und die alpine Retardierung. Der Schlern, Jahrgang 46, S. 4–14; Bozen 1972.

MERHART, Gero von: Archäologisches zur Frage der Illyrer in Tirol. Wiener Prähistorische Zeitschrift, 14. Jahrgang, S. 65–118, Wien 1927
PITTIONI, Richard: Bemerkungen zum »Melauner Problem«. Jahrbuch des Vorarlberger Landesmuseumsvereins 1958/ 59, S. 218–227, Bregenz 1959/ 60
WOLFSGRUBER, Karl: Prälat Adrian Egger zum Gedenken. Der Schlern, Jahrgang 27, S. 150–151, Bozen 1953

Bildquellen

Klaus Benz, Fotograf, Mainz-Laubenheim: 41
Reproduktionen von Fotos aus dem Buch »Deutschland
in der Bronzezeit« (1996) von Ernst Probst: 20 (Historisches Museum, Sankt Gallen), 18 (Professor Dr.
Walter Leitner, Institut für Ur- und Frühgeschichte, Universität Innsbruck), 19 (Philipps-Universität Marburg,
Fachbereich Altertumswissenschaften, Vorgeschichtliches Seminar), 12 (Römisch-Germanisches Zentralmuseum, Mainz)
Reproduktion einer Karte aus dem Buch »Deutschland
in der Bronzezeit" (1996) von Ernst Probst: 15 (Rainer
Veit, Mainz, nach Angaben von Dr. Johannes-Wolfgang
Neugebauer, Bundesdenkmalamt Wien)
Reproduktionen von Zeichnungen aus dem Buch
»Deutschland in der Bronzezeit« (1996) von Ernst
Probst: 11 (Reproduktion aus Jorn Street-Jensen: Christian Jürgensen Thomsen und Ludwig Lindenschmit:
Eine Gelehrtenkorrespondenz aus der Frühzeit der
Altertumskunde (1853–1964), Mainz 1985), 1 (Reproduktion einer historischen Trachtenrekonstruktion des
Münchener Historienmalers und Altertumsforschers
Julius Naue, Foto: Prähistorische Staatssammlung,
München)
Bullenwächter/CC-BY-SA3.0: 26 (via Wikimedia Commons), lizensiert unter CreativeCommons-Lizenz by-sa-3.0-de
http://creativecommons.org/licenses/by-sa/3.0/
legalcode

Der Autor Ernst Probst

Ernst Probst, geboren am 20. Januar 1946 in Neunburg vorm Wald im bayerischen Regierungsbezirk Oberpfalz, ist Journalist und Wissenschaftsautor. Er arbeitete von 1968 bis 1971 als Redakteur bei den »Nürnberger Nachrichten«, von 1971 bis 1973 in der Zentralredaktion des »Ring Nordbayerischer Tageszeitungen« in Bayreuth und von 1973 bis 2001 bei der »Allgemeinen Zeitung«, Mainz. In seiner Freizeit schrieb er Artikel für die »Frankfurter Allgemeine Zeitung«, »Süddeutsche Zeitung«, »Die Welt«, »Frankfurter Rundschau«, »Neue Zürcher Zeitung«, »Tages-Anzeiger«, Zürich, »Salzburger Nachrichten«, »Die Zeit“, »Rheinischer Merkur«, »Deutsches Allgemeines Sonntagsblatt«, »bild der wissenschaft«, »kosmos«, »Deutsche Presse-Agentur« (dpa), »Associated Press« (AP) und den

»Deutschen Forschungsdienst« (df). Aus seiner Feder stammen die Bücher »Deutschland in der Urzeit« (1986), »Deutschland in der Steinzeit« (1991), »Rekorde der Urzeit« (1992), »Dinosaurier in Deutschland« (1993 zusammen mit Raymund Windolf) und »Deutschland in der Bronzezeit« (1996). Von 2001 bis 2006 betätigte sich Ernst Probst als Buchverleger sowie zeitweise als internationaler Fossilienhändler und Antiquitätenhändler. Insgesamt veröffentlichte er mehr als 100 Bücher, Taschenbücher, Broschüren und E-Books.

Bücher von Ernst Probst

Affenmenschen
Von Bigfoot bis zum Yeti

Annie Oakley
Die Meisterschützin des Wilden Westens

Archaeopteryx. Der Urvogel aus Bayern

Christl-Marie Schultes. Die erste Fliegerin in Bayern
(zusammen mit Theo Lederer)

Cortés und Malinche. Der spanische Eroberer
und seine indianische Geliebte

Das Dinotherium-Museum Eppelsheim
Führer durch die Ausstellung
(zusammen mit Dr. Jens Lorenz Franzen
und Heiner Roos)

Der Europäische Jaguar

Der Mosbacher Löwe
Die riesige Raubkatze aus Wiesbaden

Der Rhein-Elefant
Das Schreckenstier von Eppelsheim

Königinnen der Lüfte in Deutschland

Königinnen der Lüfte in Europa

Königinnen der Lüfte in Frankreich

Königinnen der Lüfte in England, Australien
und Neuseeland

Königinnen der Lüfte in Amerika

Königinnen der Lüfte von A bis Z

Königinnen des Tanzes

Malende Superfrauen

Meine Worte sind wie die Sterne
Die Entstehung der Rede des Häuptlings Seattle
(zusammen mit Sonja Probst)

Monstern auf der Spur
Wie die Sagen über Drachen, Riesen
und Einhörner entstanden

Österreich in der Frühbronzezeit

Österreich in der Mittelbronzezeit

Österreich in der Spätbronzezeit

Superfrauen 5 – Wissenschaft

Superfrauen 6 – Medizin

Superfrauen 7 – Film und Theater

Superfrauen 8 – Literatur

Superfrauen 9 – Malerei und Fotografie

Superfrauen 10 – Musik und Tanz

Superfrauen 11 – Feminismus und Familie

Superfrauen 12 – Sport

Superfrauen 13 – Mode und Kosmetik

Superfrauen 14 – Medien und Astrologie

Tony und Bruno Werntgen. Zwei Leben
für die Luftfahrt (zusammen mit Paul Wirtz)

Zenobia von Palmyra. Eine Frau kämpft
gegen die Römer

Bestellungen bei: http://www.grin.com